AF275807

Jesús Munárriz

Algunas codas

LA GARÚA
POESÍA · *Haiku, 12*

Primera edición: febrero de 2025

Dirección: Jesús Aguado y Joan de la Vega

Consejo editorial: Pablo F. Sopuerta, Lola Irún,
Paula Gámiz y Maribel Sola

© texto, Jesús Munárriz
© La Garúa Libros
Barcelona (España)
www.lagaruapoesia.com

ISBN: 979-13-990034-0-6
Depósito Legal: B 1646-2025

JUSTIFICACIÓN

¿Senryuus, kodas o codas?

Los diccionarios españoles nos dicen que «coda» es palabra que proviene del latín vulgar *coda*, derivado de *cauda*, «cola»; que nos llegó del italiano, donde se sigue empleando con ese significado, a través del lenguaje musical, y que con ella se nombra el fragmento final de una pieza, composición o baile, que frecuentemente se repite y constituye uno de sus temas fundamentales. La palabra *coda* se usa también, con el mismo significado, en muchos otros idiomas, así que posee cierta universalidad.

A mí me pareció, hace años, que podría ser adecuada para denominar con ella ciertos poemas breves a la manera de los que los japoneses llaman *senryuu*, palabra difícil de adoptar y de cuajar en nuestro idioma, y limitada por ahora a algunos aficionados a la poesía japonesa. Los japoneses dan el nombre de *senryuu* a unos poemas que tienen la métrica de los jaikus pero no su temática ni sus normas, es decir, que se componen de tres versos de 5, 7 y 5 sílabas o moras, respectivamente, sin rima o con ella, pero que carecen de sus demás requisitos, ya que, a diferencia de los jaikus, no hablan «de lo que sucede aquí, ahora» como decía Bashô, sino que se permiten tratar de temas más generales o intemporales, o abandonar el tono objetivo para censurar o ridiculizar, o divertirse, o reflexionan o describen asuntos que no tienen cabida en los jaikus, además de prescindir de cualquier localización temporal, de esas palabras *kigo* que sitúan los jaikus en la naturaleza y en la estación en que han sido escritos, o del *kireji* o palabra de corte, por no hablar del *mono no aware*, o sentimiento de la fugacidad de todo, de la impermanencia del mundo, o del *satori* o iluminación espiritual, que no tienen por qué aparecer en los *senryuu* ni en lo que yo llamo *codas*.

Es verdad que el lenguaje musical emplea igualmente para esos últimos versos que se repiten la denominación de «estribillo», que es común también a la métrica y designa lo mismo en canciones y en poemas, pero emplear una palabra de cuatro sílabas para designar una composición de veintiuna me pareció excesivo. *Coda* es breve, se entiende, suena cercana a «coña», lo que en muchos casos resulta adecuado, y hasta puede parecer japonesa. De hecho, en japonés existen *kodai*, *kodachi* o *kodane*, pero no *koda*, así que, aun escribiéndola con k, esa letra subversiva, no podrá ser confundida con ningún vocablo nipón.

El jaiku, haiku o haikú, que antes fue *jaikai*, se desprendió de las *waka* o *tanka* de que formaba parte originalmente, para independizarse como poema. Y lo mismo le sucede a la *coda*, estribillo con que se rematan estrofas como la seguidilla, aunque en ésta rimen los versos primero y tercero, como se acostumbra en la métrica española, y los japoneses vayan sin rima, como es norma en la suya.

7

Si tomamos una seguidilla de Lope, por ejemplo, podemos leer:

Desde que te ausentaste,
sol de los soles,
ni los pájaros cantan
ni el río corre.
¡Ay amor mío!
Ni los pájaros cantan
ni corre el río.

Es evidente que los tres versos finales pueden tener vida propia, sobre todo ahora que estamos acostumbrados, desde hace un siglo, a la estrofa japonesa de igual medida.

¡Ay amor mío!
Ni los pájaros cantan
ni corre el río

Es una coda con rima consonante, pero a no ser por este detalle podría pasar perfectamente por un jaiku japonés. Al mismo tiempo, se trata de un ritmo, de una estrofa o fragmento de estrofa totalmente propio de nuestra poesía, que suena a copla popular y que no necesita de ningún tipo de adaptación para que lo hagamos nuestro, porque lo es desde siempre. Así que podemos encontrar codas en nuestros poetas sólo con aislarlas del resto de los poemas en que se encuentran, ya entre los clásicos, como en Sor Juana:

Un breve rubí es su boca,
en dos partes dividido,
porque se vea el aljófar
por el pequeño resquicio.
Labios tan lindos
el aliento se beben
de mis suspiros.

o entre los modernos, como en Miguel Hernández,

La cebolla es escarcha
cerrada y pobre.
Escarcha de tus días
y de mis noches.

Hambre y cebolla,
hielo negro y escarcha
grande y redonda.

Aunque también podemos encontrarla aislada, como una rareza, una única vez en Rubén Darío:

Vamos por partes:
comenzará muy puro,
pero, al fin... ¡carne!

O incluso fabricarlas utilizando las mismas palabras del poeta, o del prosista, sólo con modificar el orden de su escritura. Así Cervantes:

Las ansias crecen,
las esperanzas menguan,
el tiempo es breve.

O José Hierro:

Los andaluces
en el penal del Dueso:
¡Ojú qué frío!

Yo me he permitido, incluso, transformar en *codas* poemas tradicionales, como las jarchas,

Madre, ¿qué haré?
Mi amigo está a la puerta.
¿Si le abriré?

o un fragmento de la prosa de Cristóbal Colón:

Toda la noche
oyeron pasar pájaros
desde cubierta.

Ejemplos de *codas* irónicas los encontramos en aquella con que terminaba sus coplas de combate Chicho Sánchez Ferlosio:

La policía
si oyera estas canciones
se enfadaría.

o en esta bromista confesión de
Francisco Castaño:

Escribo jaikus
porque escribir sonetos
me cansa mucho.

Algunos de estos ejemplos puede
que se acerquen tal vez más al jaiku que a la
coda, pero la frontera entre ambas estrofas
creo que es y debe ser permeable, como lo
es en bastantes casos en japonés entre jaiku
y *senryuu* (las fronteras, ya se sabe, cuanto
menos y más permeables, mejor).

El *jaiyin* (el que escribe *jaikus*) no
tiene por qué ponerse siempre estupendo. Ya
lo enunció el maestro Buson: «En *jaikai* lo
vulgar es empleado con el fin de escapar de lo
vulgar. Escapar de lo vulgar mediante el uso de

lo vulgar es la forma más difícil de practicar el refinamiento». Así que espero que estas codas no sean leídas con el rigor que exigimos a los jaikus, sino con la benevolencia que merece un género tan juguetón como satírico.

JESÚS MUNÁRRIZ

Kodas

Fieros leones
con leoninos sueldos
domesticados.

Escucha atento:
oye pasar el ciego
la indiferencia.

Era chiquita
pero les plantó cara
con dos cojones.

Suenan sirenas
bajo la luna llena
de primavera.

Sólo envidando,
jugándote la vida,
la vas ganando.

Aunque vestida
y en metro, ¡qué melena!
Lady Godiva.

Madre, ¿qué haré?
Mi amigo está a la puerta.
¿Si le abriré?

Le tocó el gordo
y se compró un cochazo.
Duró muy poco.

Le cayó un rayo
y no le pasó nada.
¡Los hay con suerte!

Se le desinfla
el elefante al tipo
que lo vendía.

                    Guerra de Irak
En el desierto
huele el aire a petróleo,
la arena a muerto.

Cenan paella
en un tablao flamenco
cien japoneses.

Lee la prensa
retrasada. La saca
de la basura.

¿Son bizantinos
o turcos, estos gatos
estambuleños?

Los boquerones
del Mar Negro les gustan.
Gatos de Istánbul.

Vende en un carro
boquerones. Los gatos
montan la guardia.

¡Se les ve hermosos!
Gatos estambuleños
entre las ruinas.

Pasea al chucho
embozada en visones
y echando humo.

Esta ascensión
sí que vale la pena.
¡Monte de Venus!

Las golondrinas
disfrutan como nadie
de la piscina.

Nadie sabía
si subía o bajaba.
Era gallego.

Por la ventana
los que tiran la casa
se van tras ella.

¿Los mismos perros
con distintos collares?
O con los mismos.

Mientras espera
al Metro, en el andén,
se lía un chiri.

Se descojona
mientras friega la lápida
el lapidario.

¿Cómo consigue
tener cara de bueno
ese hijoputa?

¿Llegan los bárbaros
o llegarán los bárbaros?
¿O ya han llegado?

Por el semáforo
cruzaba un diputado.
¡Poquita cosa!

Si le intereso
—se dice, negativa—
no me interesa.

Todas con pieles:
cordero las modestas,
visón las ricas.

Unos milenios
sin humanos, y el mundo
se repondría.

Al otro barrio
se llega más deprisa
motorizado.

Revolución,
palabra ya en desuso,
y sin embargo...

Hablaba a gritos
en el vagón del metro
la vieja loca.

—¡Escucha al mirlo!
—¡Cómo canta el jilguero!
—Yo no oigo nada.

Alfombra al hombro,
se gana por las calles
la vida el moro.

¿Las vacas, locas?
¡Pobrecillas, las vacas!
Los hombres, locos.

¡Hay que joderse!
Las diez de la mañana
y haciendo eses.

Aunque a la larga
¡cuántas batallas ganan
los perdedores!

Gran desafío:
en diecisiete sílabas
que quepa todo.

¡No lo estropees!
¡No intentes mejorarlo!
¡No añadas nada!

Entre las nubes
asoma la joroba
de La Graciosa.

Se sirven muchos
huevos fritos con beicon
los jubilados.

Entre lo negro
del picón, la vid echa
sus brotes verdes.

Hibiscos rojos,
cal blanca, picón negro,
verde olivina.

Crece al socaire
la blanca malvasía
del picón negro.

Vuelan los budas
y gritan Dios es grande
los talibanes.

Los suplementos,
mientras informan menos,
propagan más.

Va rastreando,
camina, vuelve, para,
perro sin amo.

El niño rico
con síndrome de Dawn:
blazer, corbata...

El hombre, fuego,
estopa la mujer,
y el viento sopla...

Se machacaba
con un canto los dientes
¡y tan contento!

Ovejas lachas
y ovejas carranzanas
entremezcladas.

Escapa El Negro.
Le dan facilidades
Sus Señorías.

¿Jueces cobardes?
¿Jueces amenazados?
¿Jueces venales?

—«Ya tengo ganas
de no tener ya ganas
de tener ganas».
    (Oído a una vendedora del cupón)

Recién abierto
frente a las mercedarias
hay un *sex-shop*.

Son otra cosa
a la luz de una vela
techo y paredes.

Escribe versos
para ver si aborrecen
la poesía.

—Hacía años
que no entraba en un banco.
—¡Ni falta que hace!

De acuerdo, es ciega,
¡pero qué malas pulgas
tiene la ciega!

Se les oía
a través del tabique
de panderete.

Cruzas en verde
y llega un hijoputa
y te liquida.

Corta el cupón
la invidente, y me mira
de reojillo.

¡Cuánta miseria
esconde esta riqueza
tan insolente!

Le sacan coplas
porque ni tiene novio
ni duerme sola.

¿Qué sinvergüenza
me ha subido la falda?
¿O ha sido el viento?

Van maquilladas
como máscaras chinas
¡y tan contentas!

Sobre la arena
unos bultos oscuros,
mojados, yertos.

Y entre las rocas
los restos destrozados
de una patera.

No me la daba
la llave de su huerto
mi enamorada.

Mira esa piedra:
ni disfruta ni sufre,
sólo resiste.

Quiere y no puede.
No es raro que se suba
por las paredes.

En este pueblo
el que no corre, vuela.
¡Así se estrellan!

     Real Conservatorio
La japonesa
toca el stradivarius
de Sarasate.

¡Cómo ha bordado
Tamaki Kawakubo
Aires bohemios!

Zigeunerweisen:
en ese stradivarius
suena don Pablo.

Viejo instrumento
en manos juveniles
¡pero qué sabias!

¡Estas iglesias
barrocas andaluzas,
merengue y oro!

«Las hermanitas»
cuidan «de los ancianos
desamparados».

¡Y viaja en metro!
¡Mira: la Primavera
de Botticelli!

C'est impossible,
c'est vraiement impossible.
Pourtant, voilà.

Es imposible,
realmente imposible,
y sin embargo...

Larga y difícil
la ascensión, pero espléndido
el panorama.

Nieva en Baqueira
el 14 de julio.
¡Esos franceses!

Rompen las olas
contra la dura roca.
Y la carcomen.

Al pie de Igueldo
cabellos de galerna;
se peina el viento.

Agonizante
en la Caja de ahorros
el pobre ficus.

¿El tiempo pasa
o pasamos nosotros?
¿O todo pasa?

      11 de septiembre
A media asta
los Estados Unidos
de Norteamérica.

Buscaba bronca
descalzo y con paraguas
aquel borracho.

Maúlla al amor.
Gato de carne y hueso.
Calle Corrientes.

Se acaba el tiempo.
Deja cada palabra
constancia de ello.

Amarillean
con los primeros fríos
los sindicatos.

Junto a la tienda
de lujo, dos ancianos
piden limosna.

Costas gallegas,
os ha impuesto su luto
el chapapote.

Los mirlos belgas
¿madrugan o están locos?
¡Si son las cuatro!

¡Día de perros!
¡Mundialmente famoso,
el clima belga!

¡Ciudad famosa
que tiene a un meoncete
como mascota!

El negro cuervo
en el cuadro de Brueghel
sigue graznando.

...como una monja
cuando oye al ginecólogo:
«Abra las piernas».

Encuadernaba
Coranes y Torahs
en piel de cerdo.

La luna llena
ilumina el desierto;
ruge la guerra.

Suele la forma
darle la vuelta al fondo
como a una media.

Tras la corbata
parapeta ese idiota
su barriguita.

Los orientales
cuando no son asiáticos
son uruguayos.

Arrastra el Tigris
pavesas de palacios
despanzurrados.

¡No corras, vida,
que te estoy esperando!
dice la muerte.

Habla a su perro
con gran convencimiento.
Y le convence.

Mientras esperas
a ver qué va pasando,
pasa la vida.

Si no se leen,
a los viejos poemas
les sale moho.

El sol refleja
en el escupitajo
recién lanzado.

En el entierro
cantan La Martiniana
los oaxaqueños.

Aquellas lluvias
trajeron estos lodos
¡y estos mosquitos!

Toda la noche
sin dormir. La cabeza,
jaula de grillos.

¡Mierdas de perro!
¿Pisarlas trae suerte?
¡Mierdas de amos!

Arde en la noche
un tren estacionado
en vía muerta.

Zigzagueando,
esquivando los coches
cruza el borracho.

moteros
¡Escucha, escucha!
Es una Harley-Davidson.
¡Parece Brahms!

versión japonesa
Escucha, escucha,
es una Kawasaki,
¡parece Bach!

¿Las noches blancas?
¿Los agujeros negros?
¡El arco iris!

Sigue acogiéndonos
a través de los siglos
la luz de Vermeer.

Dieciocho años.
La vida por delante
en el quirófano.

Del otro mundo
no ha vuelto nunca nadie.
Hablemos de éste.

Éluard dijo:
«Hay otros mundos, pero
están en éste».

Los fundamentos
del fundamentalismo
son infundados.

—«Dígale» —dice
al teléfono móvil
la mejicana.

Por las rendijas
de lo civilizado,
lo natural.

Las cicatrices
reavivan el recuerdo.
Y la nostalgia.

La naftalina
al olfato denuncia
antigüedades.

En el dinero.
No piensa en otra cosa.
Y así le cunde.

Me está ladrando
el perro del vecino.
Yo le maúllo

¡Qué duda cabe!
Hay quien sabe decirlo
y hay quien no sabe.

Ni las angulas,
ni el caviar, ni el ibérico:
la pitahaya.

¿Quién quedará
a cargo del planeta?
¿Las cucarachas?

calle Santa Teresa
En esta casa
murió José Zorrilla.
Pobre, supongo.

Ora et labora.
Sobre todo, labora,
que orar no cansa.

Más vale tarde
que nunca, dijo el cura.
Y colgó el hábito.

«Así es la vida»
apretando el garrote
dijo el verdugo.

La Poesía
«El más humilde
de todos los oficios»
lo llamó Hölderlin.

Lavan el coche
en la gasolinera
y luego al perro.

Grande es el mundo
y los nacionalismos
lo jibarizan.

Algunos vascos
no aceptan que otros vascos
también son vascos.

Es preferible
enemigo a las claras
que falso amigo.

Busca tesoros
hurgando en la basura
¡y alguno encuentra!

Jaula de grillos
mi cabeza despierta
entre dos luces.

Ve la hamburguesa
y silba de alegría
el chavalillo.

Esto es Urrugne
dont la rime repugne
(Gautier lo dijo).

—¡Mira qué tetas!
—Vistas dos, vistas todas.
—Según se mire.

       Paseo de Recoletos
Pasea el bronce
de don Ramón María
del Valle Inclán.

No le atendía
la de uniforme blanco
y estaba negro.

«ÚLTIMOS DÍAS»
–¿Llega el apocalipsis?
–Cierran la tienda.

avión
El clero vuela
en clase preferente
—lee el breviario—.

Manchan la acera
frente a la discoteca
gotas de sangre.

Por Algeciras
los moros en la costa
van en patera.

Ni metas prisa
ni pidas que se pare
a la tortuga.

Alineaditos
al sol presentan armas
los adosados.

¿Venden su cuerpo?
Solamente lo alquilan
unos minutos.

Alzan los años
barreras invisibles
pero insalvables.

El loco dice
que estamos todos locos.
Nadie replica.

Viejos vagones
con graffitis, varados
en vías muertas.

Miran el dedo
y no miran la luna:
especialistas.

«Esqueletajes»
se lee en la fachada.
¿Venderán huesos?

¡Día del Libro!
¿Es que hay días sin libros?
No los conozco.

Unos la tienen
grande y otros pequeña
(la inteligencia).

Creen en dioses,
creen en ultratumbas,
creen que creen.

No digas nada,
deja que hablen los cuerpos,
sobran palabras.

¡Hijos de puta!
decía la señora.
Y sonreía.

Índice

Algunas codas